Anne Van

Cuaderno de ejercicios

para ser tolerante con uno mismo

Ilustraciones de Jean Augagneur

terapias**verdes**

Título original
Petit cahier d´exercices de bienveillance envers soi-même
© Éditions Jouvence, 2009
Éditions Jouvence S.A.
Chemin du Guillon, 20
Case 143
CH-1233 Bernex (Switzerland)

Primera edición: marzo de 2010

© de esta edición: Ediciones Urano, S.A.U.
Aribau, 142, pral. - 08036 Barcelona

www.terapiasverdes.com

© de la traducción: Josep Carles Laínez

Cubierta y maquetación: Éditions Jouvence
Dibujos de cubierta e interior: Jean Augagneur

Fotocomposición: Víctor Igual, S.L.
Aragón, 390, 08013 Barcelona

Impresión: UNIGRAF, S.L.
Avda. Cámara de la Industria 38 - 28938 Móstoles (Madrid)

Depósito legal: B-19.230-2016

ISBN: 978-84-92716-29-6

¿Puedo llegar a ser tolerante conmigo mismo?

¿Qué pensarán los demás si me dedico a mí mismo?

¿Me dejarán de querer?

¿Me convertiré en un egoísta?

¿Me ocupo bastante de los demás?

¿No es mejor ser generoso y olvidarse de uno mismo?

¿Hay algún modo de ser un "egoísta bueno"?

¿Cuál es el límite de la tolerancia conmigo mismo?

Llega un momento en que todos nos planteamos estas preguntas sin tener realmente respuestas claras. Espero que este cuaderno de ejercicios te ayude a encontrarlas.

¡Buen viaje en el camino de ser tolerante con uno mismo!

¿Qué es ser tolerante con uno mismo?

- Es ocuparte de ti de tal manera que te sientas bien y, en consecuencia, con mucho que dar a los demás y ganas de hacerlo.

3

- Es vivir tu vida para sentirte feliz, en paz y en armonía con tus valores, tus sueños, tus aspiraciones, sin que esto tenga un coste para nadie.

El arte de ser tolerante contigo mismo requiere cinco habilidades:

1. Tener plena conciencia de ti mismo:
   - de tu cuerpo,
   - de tus emociones y necesidades.

2. Atreverte a cuidar de ti mismo, aunque moleste a los demás:
   - ocuparte bien de ti mismo,
   - darte gustos,
   - saber cuáles son tus límites (cuando se da a los demás),
   - distinguir entre lo que es beneficioso para ti y lo que es perjudicial.

3. Cultivar el diálogo a través de:
   - la expresión de ti mismo, honesta y asertiva (expresar lo que sientes sin agredir, juzgar o criticar al otro),

- la escucha del otro, empática y respetuosa (intentar comprender al otro y que este se sienta comprendido, sea cual sea su manera de expresarse),

-la expresión de la gratitud o saber ser agradecido.

4. Crear tu vida de acuerdo con quien eres en lo más hondo de ti :

- escucharte para conocerte (autoempatía),

- intentar realizar tus sueños.

5. Disciplinar tu espíritu :

- abandonar los juicios y transformarlos en sentimientos/necesidades (convertir el « lo que te reprocho » en « a lo que aspiro »),

- localizar y apreciar tanto como sea posible la belleza de cada instante.

Crear tu vida de acuerdo con quien eres

Tener plena conciencia de ti

Cultivar el diálogo

Atreverte a cuidar de ti

Disciplinar tu espíritu

Colorea la paleta a tu gusto, con los colores que te inspire cada habilidad.

5

Tener plena conciencia de ti mismo

« Hay una forma de egoísmo que hace que uno esté tan lleno que necesita dar a los demás ».

Marshall Rosenberg

Ahora, seamos bio-lógicos (bio significa "vida" en griego), respetemos la lógica de la vida! Cuidemos de nosotros mismos antes de creer que podemos cuidar de los demás. Ha sido dicho: "Ama a tu prójimo como a ti mismo", pero muchos seres humanos han olvidado las palabras "como a ti mismo" y se comportan más como robots que como personas.

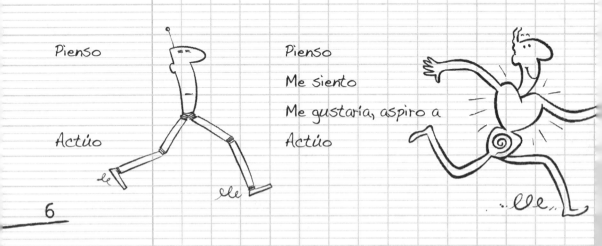

Pienso

Actúo

Pienso

Me siento

Me gustaría, aspiro a

Actúo

1 ¿Funcionas como un robot (pienso, actúo)?

> ¿En qué momentos?
>
> ¿En qué situaciones?
>
> ¿Con quién?
>
> ¿Favorece tu equilibrio?

2 ¿O cómo un ser humano al completo (pienso, siento, aspiro a, actúo)?

> ¿En qué momentos?
>
> ¿En qué situaciones?
>
> ¿Con quién?

A la luz de tus respuestas, ¿qué aspecto te gustaría desarrollar más?

> —
>
> —

La plena conciencia de ti mismo es aprender a estar « en tu cuerpo » y sentir sus emociones.

La conciencia de tu cuerpo

Nos olvidamos tanto de nuestro cuerpo que necesitamos que enferme para cuidar de él, a veces demasiado tarde...

Si nos centramos en nuestro cuerpo, se establece en nosotros una especie de calma y de conexión con nosotros mismos, lo que permite la "vida verdadera, la que se vive, no la que se piensa" (David Komsi).

¿Por qué ser consciente de tu cuerpo?

Porque:

    - Cuando estás ligado a tu cuerpo, eres como un árbol, arraigado al suelo.

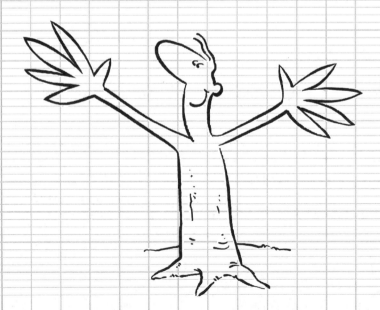

- Si eres consciente de lo que hay en ti, te sentirás más vivo, y estarás más alerta y verdaderamente disponible para el exterior, ¡o te darás cuenta a tiempo de que no lo estás!
- Si estás más « en ti » que en « lo que ocurre », mantendrás una distancia que te preserva, y preserva la calidad de nuestras relaciones disminuyendo nuestra reacción emocional.

Menciona en qué momentos olvidas tener en cuenta lo que vive tu cuerpo :

—

—

¿Cómo te sientes después de ellos?

—

—

¿En qué momentos te ocupas de tu cuerpo?

—

—

¿Cómo te sientes después de ellos?

—

—

A continuación, dos ejercicios muy sencillos para ser consciente de ti mismo y de tu cuerpo:

Toma contacto con una parte de tu cuerpos

Siente las manos que se tocan, el contacto de los pies en el suelo o de la espalda contra la silla. O bien, centra tu atención en una de las manos. Percibe si está caliente o fría, si está entumecida, si te pica, etc.

También puedes sentir cómo entra y sale el aire de los pulmones.

Durante 2 minutos, estate atento a la sensación que has decidido explorar. Sé consciente de ti mismo y observa los efectos de este ejercicio en tu cuerpo.
¿Te sientes más distendido?

Esta práctica proporciona numerosos beneficios si la realizas de manera usual. Tiene como fin recordarnos que nuestro cuerpo existe, y permite, en el intercambio con los demás, no perdernos en la relación con el otro y mantener el contacto con nosotros mismos.

Concéntrate durante 3 minutos

Ponte cómodo, cierra los ojos y pregúntate:

¿Cómo me siento en mi cuerpo? Qué es lo tenso, distendido, confortable, desagradable…	
¿Cómo me siento en mi corazón? ¿Estoy triste, alegre, irritado, desanimado, entusiasmado…?	
¿Cuáles son mis pensamientos predominantes en este instante?	

No hay que cambiar nada, tan solo tomar conciencia de lo que pasa en ti mismo.

Si, al comienzo de este ejercicio, no percibes las zonas tensas o distendidas, a veces el hecho de mover ligeramente la parte del cuerpo que quieras sentir puede ayudarte a ser consciente de su estado.

El segundo ejercicio tiene como objetivo:

   - volver a conducir nuestra energía hasta el presente.

   Muchas veces nuestra atención está bloqueada en el pasado o ya invertida en el futuro;

   - estar "en tu cuerpo" en vez de "en la Luna" o "fuera de ti";

   -     ser consciente de lo que pasa en ti, física y emocionalmente;

   -centrarte (por ejemplo, antes de una entrevista difícil);

   - regenerarte (la conciencia de ti mismo mejora la salud y la inmunidad).

Recapitula terminando estas frases:

Ser consciente de mí mismo es fácil cuando…

Es difícil cuando…

Será muy difícil cuando…

Es esencial cuando…

La semana que viene, escojo ser consciente de mí cuando…

Lo que me va a ayudar es…

Coge un folio y, si te apetece, recórtalo en forma de corazón, decóralo y escribe en él de qué manera vas a desarrollar la conciencia de ti mismo:

Esta semana, me comprometo a ser consciente de mí mismo cuando…

- **Contexto:**
- **Momento:**
- **Manera:**

¡Colócalo en un lugar a la vista!

<u>**Mírate con cariño en un espejo y dibuja y colorea**</u>
<u>**tu rostro en esta página, ¡SIENDO CONSCIENTE EN**</u>
<u>**TODO MOMENTO DE TI MISMO!**</u>

<u>**¿Qué sucede en ti mientras te dibujas?**</u>

Tener plena conciencia de tus emociones y necesidades (o la autoempatía)

> « Un instante consciente de ti mismo vale más
> que mil buenas acciones ».
>
> Anónimo

La autoempatía o autoescucha se da cuando nos volvemos hacia nuestro interior y aceptamos lo que pasa en nosotros. Dos preguntas van a ayudarnos a crear esta conexión con nosotros mismos:

- ¿Cómo me siento?
- ¿A qué aspiro, qué quiero en esta situación?

Conviene que seamos conscientes de nuestras vivencias, sobre todo en caso de dificultad, pues:

- Aun cuando no se pueda hacer nada con respecto a un hecho, poner palabras a estados del alma alivia la tensión interior.
- Si dedicamos un tiempo a conocer nuestros senti- <u>15</u> mientos y a preguntarnos a qué aspiramos, cuáles son nuestras "necesidades", sabremos más claramente qué hacer para satisfacerlos.

Puntualizaciones del autor:

La palabra **necesidad** suele tener connotaciones negativas porque se sobreentiende una noción de falta o de ansiedad. Aquí, designa lo que cuenta para un ser humano, lo esencial para él, como aspiraciones, valores, sueños.

Este término engloba a la vez las **necesidades vitales**, como comer, beber y dormir, la **necesidad de seguridad**, como tener un techo, una familia y un trabajo, y las **necesidades de desarrollo**, como las de realizarse y contribuir a la vida. La necesidad, tal y como la contemplamos aquí, es profunda y tiende hacia la existencia y el sosiego. Las necesidades son universales, igualmente importantes y descritas de modo positivo.

Por ejemplo, si alguien ha sido víctima de una agresión y dice: « Necesito vengarme », no es una necesidad, pues esta forma de hablar no tiende hacia la vida, y existe el riesgo de azuzar el sufrimiento en vez de apaciguarlo. Sin embargo, una forma de expresarse más vital sería decir: « Necesito recuperarme o estar tranquilo, pues de todo lo ocurrido algo aprenderé ».

16

¡Cuidado con no confundir las necesidades con los deseos!
Por ejemplo, yo puedo tener la **necesidad** de relajarme o el
deseo de fumarme un cigarrillo. Un deseo es una manera
entre otras de intentar satisfacer una necesidad. ¿Quizá, gracias al cigarrillo, colmo una necesidad de conexión conmigo
mismo o de proporcionarme un placer? ¡Pero yo no necesito
un cigarrillo para continuar con vida... bien al contrario!
Por otra parte, si quiero darle densidad a mi vida, es bueno
que conozca las necesidades profundas que me habitan y a
las que me vinculo, en vez de querer satisfacer sucedáneos
de necesidades. Para ello, basta con que me plantee varias
veces la cuestión siguiente:

« Hacer lo que hago o vivir como vivo, ¿qué necesidad me
colma? »

Por ejemplo: « Cuando me fumo un cigarrillo, ¿qué necesidad se me colma? »

Imaginemos que la respuesta sea: « Una necesidad de distensión, de conexión conmigo mismo y de darme un placer ».
Puedo entonces replantearme la pregunta: « Cuando me doy
este instante de distensión, esta conexión conmigo   17
mismo y este placer, ¿qué necesidad se me colma? »
Imaginemos que la respuesta sea: « Me da energía para
afrontar mi jornada de trabajo. »

Puedo entonces replantearme la pregunta: " Cuando tengo energía para afrontar mi jornada de trabajo, ¿qué necesidad se me colma?"

Imaginemos que la respuesta sea: « Actúo, llevo a cabo las tareas cotidianas, tengo ímpetu ».

Puedo entonces plantearme dos preguntas que amplían mis posibilidades de elección respecto al modo en que me ayudo a afrontar mis jornadas de trabajo:

« ¿La elección de fumar me satisface a largo plazo? »

« ¿Hay otras estrategias, otros medios diferentes al cigarrillo, para ayudarme a distenderme, a conectarme conmigo mismo y a encontrar energía para llevar a cabo las tareas cotidianas? »

¡La autoempatía es una forma de « egoísmo bueno »!

En efecto, cuando algo no funciona, si nos tomamos un tiempo para escucharnos, tarde o temprano oiremos un "clic", empezaremos a ver claro y llegará la tranquilidad. De inmediato, nuestra energía volverá a su estado.

Por ejemplo, imagínate que estás en el trabajo un día en que hay poco personal. Estás desbordado. Puedes cargar contra los compañeros que no están, lo que creará tensiones y te vaciará de energía. Corres el riesgo de no dejar de estar insatisfecho y de juzgarte a ti mismo. O bien, puedes decidir escuchar y aceptar lo que estás viviendo hasta que sientas en ti un alivio.

He aquí lo que se podría derivar de ello:

« ¿Estoy más allá de mis posibilidades? ¿Cansado? ¿Necesito solidaridad y comprensión respecto al exceso de trabajo que me compete? ¡Ah, cuánto me gustaría hacer las cosas a un ritmo más humano! ¡No puedo más! ¡Me gustaría hablar con mis compañeros para que sin tardanza encontremos soluciones. Mañana, iré a hablar con ellos, ¡lo he decidido! »

¡Las dificultades con que te tropiezas o la decisión de escucharte no son siempre fáciles!

Sucede a veces que podemos tener muchos sentimientos y muchas necesidades al mismo tiempo. Ahora bien, aceptar y canalizar muchos sentimientos consume energía, y gestionar diversas necesidades lleva su tiempo, pues a veces pueden parecer antagónicas. En este caso, es bueno aceptar TODOS los sentimientos, pues cuando escuchamos por completo una <u>19</u> emoción, esta se transforma, y produce alivio. Y conocer y aclarar TODAS las necesidades, a fin de descubrir las prioritarias.

Por ejemplo, una persona de edad con vértigo que vea que se han corrido algunas tejas de su tejado, dudará en subir a cambiarlas. Estará dividida entre la necesidad de preservar su casa y la necesidad de su seguridad física. Es importante que analice todos los puntos de la situación antes de actuar, porque si se sube a una escalera desestimando sus temores y la necesidad de seguridad, corre el riesgo de no mantener el equilibrio y caerse. Y si atiende a la necesidad de seguridad física, su casa se va a deteriorar. Tomándose un tiempo para escuchar todas sus necesidades, podrá encontrar una solución que tenga en cuenta el conjunto de sus prioridades.

 Escribe debajo de cada rostro la emoción correspondiente:

tristeza
mal humor
cólera
rabia
distracción
duda
susto
cansancio

....

....

....

....

....

....

....

A propósito de los sentimientos - o, ¿qué son exactamente los sentimientos?

Nuestros sentimientos son como los indicadores luminosos del salpicadero de un coche: si el indicador del aceite se enciende, quiere decir que el coche necesita aceite. Del mismo modo, nuestros sentimientos nos informan de nuestras necesidades.

Así, un sentimiento no cae del cielo: lo crean las necesidades que hay en nosotros.

Si experimentamos un sentimiento con connotaciones desagradables, quiere decir que tenemos una o varias necesidades no satisfechas. Por ejemplo, si tu hijo ha sacado un 2 sobre 10 en Matemáticas, te preocuparás, dado que la necesidad de seguridad por su éxito escolar no está satisfecho.

Si experimentamos un sentimiento con connotaciones agradables, quiere decir que tenemos una o varias necesidades satisfechas. Por ejemplo, si has sido elegido entre 200 candidatos para un puesto de trabajo que ambicionabas, te sentirás contento, dado que la necesidad de reconocimiento de tus valores y de progresar profesionalmente se han visto satisfechos.

21

¡Ojo con las palabras que utilizamos como sentimientos, pero cuyo uso se ha de evitar al estar relacionadas con un juicio sobre otro o sobre uno mismo! Son expresiones como « Me siento traicionado, abandonado, incomprendido, incompetente, incapaz... »

Como se dedican a juzgarte a ti o al prójimo, son una fuente potencial de conflictos (juicio sobre los demás), o una fuente de desánimo (juicio sobre ti mismo). Nos privan así de nuestro poder personal: o vivimos como víctimas de los demás, o nos desanimamos al minusvalorarnos. También nos hacen perder energía, pues usarlas nos pone en una actitud reactiva, no creativa.

La autoempatía, o escucha de tus sentimientos y necesidades, es un camino real hacia el amor por los demás y el respeto por ti mismo, pues :

- Me enriquece tanto la atención que me dedico, que de manera natural voy a volverme hacia los demás.
- Lo que he escuchado y comprendido en mí, podré escucharlo y aceptarlo en los demás.
- Lo que no he aceptado en mí, corro el riego de proyectarlo en los demás, a quienes voy a atribuir mis imperfecciones.

22

- Si no me ocupo bien de mí, ¡tarde o temprano me irá mal!
- Si no me proporciono instantes para la autoempatía, corro el riesgo de autointoxicarme (tabaco, bulimia, alcohol, etc.) o de hacer a los demás responsables de mi malestar.

¿Qué sensación producen en ti estos comentarios?

-          —
-          —
-          —

Anota en el cuadro de abajo dos comentarios que te hayan impactado especialmente y decóralos a tu gusto.

23

Ejercicio de autoempatía

(Ayúdate de las listas del final del cuaderno, página 60)

Piensa en una situación desagradable que hayas vivido recientemente y lleva a cabo las etapas siguientes:
- **Observación:** describe la situación de manera imparcial.
- **Sentimientos:** explora tus sentimientos en relación con los hechos.
- **Necesidades:** piensa cuáles son tus necesidades no satisfechas.
- **Petición:** piensa qué podrías hacer para tener en cuenta tus necesidades.

> « Cuando pienso en…
> me siento…
> porque tengo (tenía) necesidad de…
> y ahora, voy a… escojo… »

Por ejemplo: « Cuando aquel ha dicho a una tercera persona que soy un incompetente, me he sentido frustrado e impotente, porque necesitaba transparencia y espacio para expresarme. Y ahora me gustaría pedirle que habláramos un momento. »

Hazte con una libreta donde llevar tu "diario de trabajo" y decórala a tu gusto, pues el hecho de ejercitar regularmente la autoempatía muscular tu capacidad de conocer tus vivencias interiores.

Prescripción magistral para una buena salud:

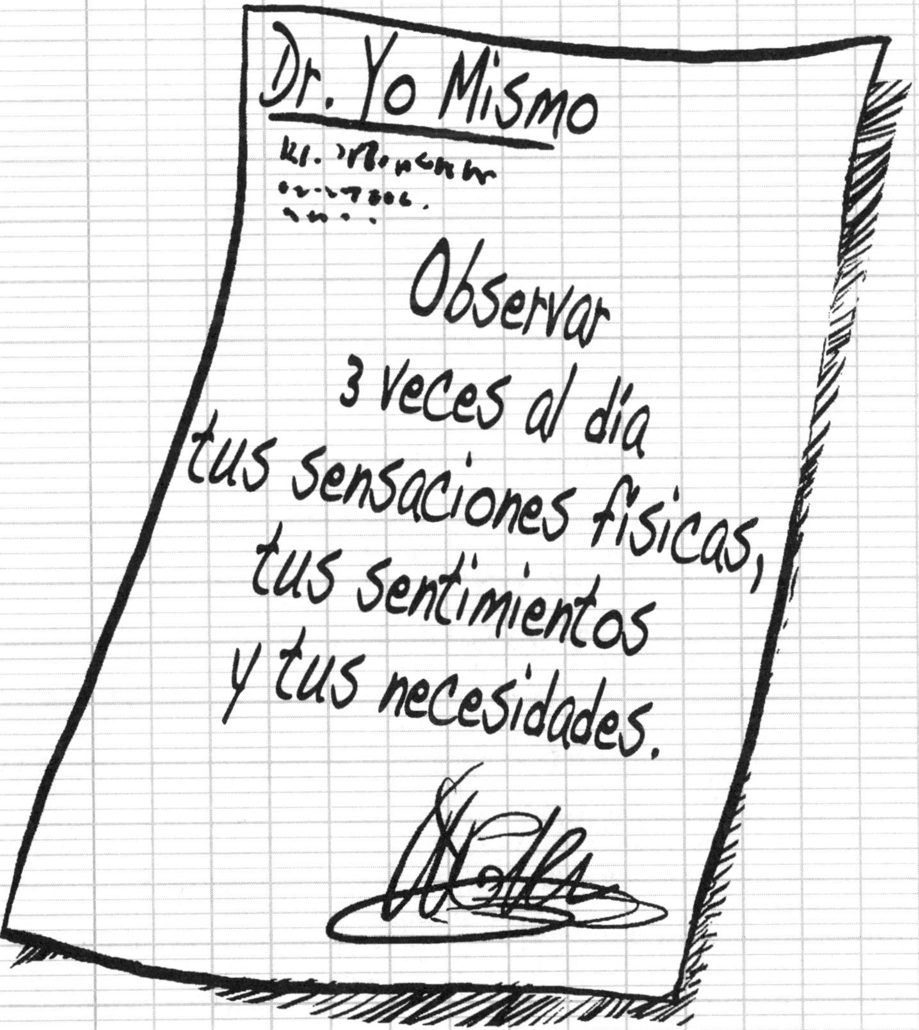

Atreverte a cuidar de ti mismo, aunque moleste a los demás

Ocuparse bien de uno mismo

Es todo lo escrito en este cuaderno, y en concreto:

- Escanear regularmente tu estado físico y tener en cuenta el resultado, es decir, cuidar del estado de tu cuerpo. Lee La conciencia de tu cuerpo (página 8).

- Explorar y escuchar todos los sentimientos y necesidades y enseguida actuar para satisfacer las necesidades básicas. Lee Tener plena conciencia de tus emociones y necesidades o la autoempatía" (página 15).

- Dialogar, sociabilizar, confiar, pues « Cuando se comparte una alegría, aumenta; y cuando se comparte una tristeza, disminuye ».

- Dedicar momentos a encontrarte contigo mismo, momentos de interioridad y de soledad. Por ejemplo, estar solo regularmente en un lugar confortable o dar un paseo en plena naturaleza con la intención de lograr el silencio mental. Poco a poco, día a día, la agitación de nuestro interior cederá el puesto a la calma, y nuestra actividad cerebral ralentizará su ritmo. Por supuesto, puede llevar su tiempo crear el espacio entre dos pensamientos, pero, como para todo entrenamiento, llegan los resultados a base de practicarlo. Esta paz interior permite que la creatividad y el corazón se expansionen.

- Curar las heridas de la infancia. Cada ser humano, sea consciente o no, vive experiencias difíciles o traumáticas. A veces es bueno volvernos hacia nuestro pasado y reparar lo que nos ha herido, a fin de sanar las partes de nosotros mismos que lo necesiten.

La cura de nuestras heridas se hace de diferentes formas: la bondad de los seres que nos encontramos en el camino, la escucha por terapeutas formados en esta especialidad, la lectura o el descubrimiento de testimonios de personas que hayan vivido traumas similares, etc.

De todo ello, lo que sobre todo cuenta es recordar que:

« Cuando aceptamos por completo un dolor, este se transforma ».

Mientras que:

« ¡Aquello a lo que oponemos resistencia persiste! »

Colorea el primer pensamiento con un color alegre y el segundo con un color triste, y medita sobre ello.

Darte gustos

Es tomarte un tiempo para vivir, respirar, moverte, diver-
tirte, jugar, relajarte, etc., siendo consciente de que, si
comienzas a atreverte a cuidar de ti, tu entorno resultará
frustrado, pues te verá menos disponible, aunque "está
todo bien" mientras esto no moleste a nadie.

Algunos signos de que te ocupas bien de ti mismo:

Alegría de vivir

Plenitud

Entusiasmo

Dinamismo

Deseo de contribuir al bienestar de los demás

Paz interior

Apertura a la vida

Creatividad floreciente

Energía vital en aumento, etc.

¿ Cuándo « ocuparte bien de ti mismo » corre el riesgo de convertirse en « ocuparte mal de ti mismo » ?

- Cuando estás tan centrado en ti que ya no ves a los demás y dejas al margen una buena parte de la belleza de este planeta.

- Cuando privilegias la satisfacción de tus deseos a corto plazo sin haber sopesado realmente la importancia de tus necesidades a largo plazo. Por ejemplo, veo la televisión durante horas y olvido mis estudios. En este caso, privilegio mis necesidades a corto plazo (distensión, distracción...), pero desatiendo las de largo plazo: darme todas las posibilidades de triunfar y tener, gracias a un título, más opciones de conseguir el trabajo que deseo.

- Cuando actúas sin conciencia propia, del otro o del hecho en sí. Por ejemplo, gasto toda el agua caliente de casa sin preocuparme de quienes se lavarán después.

- Cuando privilegias tus necesidades "superfluas" sin ocuparte de las profundas. Por ejemplo, para que me dejen en paz, digo que sí a quien me pide algo **29** cuando en verdad me gustaría atreverme a ser yo y decir que no.

- Cuando te culpabilizas por dedicarte un tiempo.

Anota tres formas que tienes de ocuparte bien de ti:

—

—

—

¿Cómo te sientes cuando haces tales cosas?

Anota tres actividades que te producen placer:

—

—

—

¿Te perjudican a largo plazo?
¿Es buena la frecuencia de estas actividades en tu vida?

Si decides cambiar esta frecuencia, anota las consecuencias posibles para tu entorno y para ti:

—

—

—

¿Cómo te sientes al tomar esta decisión?

Cierra el cuaderno y haz durante 5 minutos algo que te cause placer.

Saber cuáles son tus límites

¿Límites de qué? De lo que das de ti, de tu persona. ¿Pero cómo puedo saber si he sobrepasado mis límites?

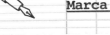

<u>Marca las casillas que correspondan a tu estado actual:</u>

❏ *Estoy agotado.*

❏ *Quiero del otro tanto como yo le doy.*

❏ *Me encierro en mí mismo.*

❏ *Estoy irritable o agresivo por cualquier cosa.*

❏ *Ya no tengo ímpetu.*

❏ *Ya no tengo alegría de vivir.*

❏ *Ya no le encuentro el gusto a algunas cosas.*

❏ *Soy incapaz de decidir por mí mismo.*

❏ *Actúo de forma automática.*

❏ *Duermo mal.*

❏ *Como más (o menos) de lo normal, fumo, bebo demasiado ...*

❏ *Me siento triste.*

❏ *No puedo más.*

❏ *Ya no tengo paciencia.*

¿No has marcado ninguna? Enhorabuena, todo va bien para ti.
De 1 a 3, es el momento de pensar en ocuparte de ti.
De 4 a 5, es importante tomar medidas para cambiar o pedir ayuda.
Más de 6, es hora de consultar a un médico o psicoterapeuta, pues es evidente tu necesidad de ayuda.

¿Qué es « dar sanamente » ?

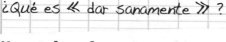

Marca las frases en las que te veas reflejado:

❑ 1. Doy por el gusto de contribuir al bienestar del otro.

❑ 2. Doy para ser aceptado.

❑ 3. Doy porque se me ha pedido que lo haga.

❑ 4. Doy porque me gusta hacer feliz a los demás.

❑ 5. ¡ No sé por qué doy, es más fuerte que yo !

❑ 6. Doy por el gusto de contribuir a la calidad o belleza de la vida.

❑ 7. Doy sin mesura y me lamento después.

❑ 8. Doy respetando mis límites.

❑ 9. Doy porque me hace feliz ver la alegría que produzco.

❑ 10. Doy porque no sé decir que no.

❑ 11. Doy sin esperar nada a cambio.

❑ 12. Doy para ser indispensable.

❑ 13. Doy para ser apreciado.

❑ 14. Doy y olvido tan pronto como he dado..

❑ 15. Doy para recibir algo a cambio.

❑ 16. Doy para tener un lugar en la « sociedad », en mi familia, etc.

❑ 17. Doy para ser reconocido.

❑ 18. Doy para tener paz.

❑ 19. Doy para no estar en deuda.

Dar « sanamente » es dar de tal modo que se convierta en algo alegre y fresco, por parte de quien da tanto como de quien recibe. En este tipo de dación, ¡nadie « debe » nada a nadie!

Sitúate en un continuum horizontal que va del más profundo egoísmo a la mayor generosidad.

Egoísmo   Generosidad

Coloca en diferentes líneas verticales a tus familiares (padres, pareja, hijos), tus amigos, tus compañeros de trabajo y otras relaciones, y sitúa tu grado actual de generosidad o de egoísmo en relación a cada uno de ellos.

¿Cómo te sientes al darte cuenta de dónde estás situado?

—

—

¿Hay algo que querrías cambiar?

—

—

33

Si es que sí, reorganiza tu diagrama tal y como desearías que fuera.

Dar a los demás es cuidar de ti mismo en la medida en que sepas cuáles son tus límites.

Cuando das, sean cuales sean las razones, esto produce tanto bien al dador como al receptor. En efecto, está probado científicamente que:

« La acción de dar o de cooperar está fisiológicamente ligada a una sensación de placer. Así, tenemos un motivo egoísta para ser generosos, y las buenas acciones actúan en nosotros como una droga sin efectos secundarios ».

Stefan Einhorn, L'art d'être bon

« Los egoístas estúpidos piensan en ellos mismos, y el resultado es negativo.
Los egoístas listos piensan en los demás, les ayudan y obtienen también beneficios ».

Dalaï-Lama

Recuerda un momento reciente en el que hayas dado algo a alguien: haberle atendido, haberle escuchado, haberle dado una sorpresa... ¿Cómo te sentiste?

–

–

En un determinado momento, ya no se sabe quién da ni quién recibe.

Cuando damos, se necesita a veces un poco de "stretching", de esfuerzo, para ensanchar nuestro corazón. Es como en la práctica de un deporte, superar de vez en cuando tus límites y tu zona de comodidad muscula el cuerpo.

<u>¿Aumentan los signos de que te ocupas bien de ti mismo?</u>
Ver Algunos signos de que te ocupas bien de ti mismo, página 28.
Si es que sí, ¿cuáles?

- —

- —

- —

Pon orden entre lo que es bueno para ti y lo que es perjudicial

Sitúate en un lugar agradable, crea un ambiente que te resulte grato y pide que no se te moleste durante 30 minutos. Coge algo con que escribir.

Observa atentamente tu vida pensando:

- en los comportamientos de las personas con las que vives o que frecuentas,
- en tus actividades profesionales, personales, sociales, deportivas...
- en tus costumbres, en tu manera de alimentarte, de distraerte, de relajarte, etc.

A continuación, escribe en las columnas siguientes lo que hayas observado:

Perjudicial	Neutro	Bueno para mí
−	−	−
−	−	−
−	−	−
−	−	−
−	−	−

Si has escrito la mayoría de elementos...

- en la columna « Perjudicial », obsérvalos, uno a uno, sin juzgar(te) ni banalizar ni resignarte.

« El cambio es la visión clara de tu funcionamiento, siempre que no añadas comentario pscológico alguno ».

Éric Baret

- en la columna « Neutro », plantéate estas preguntas:

¿Me doy permiso a mí mismo para vivir plenamente?

¿Podría cambiar algunos aspectos de mi vida a fin de hacer más cosas buenas para mí?.

- en la columna « Bueno para mí », da gracias a la energía de la vida que obra en nosotros de esta manera y tómate tu tiempo para regocijarte por lo bien que vives. Da gracias a cada una de las personas que te ayudan a vivir lo que es "bueno para ti".

Ahora, pregúntate :

¿Hay en mi vida hábitos destructivos que sería bueno que abandonase o personas cuyo comportamiento es perjudicial para mí y de las que sería bueno que me precaviese o separase?

No olvides diferenciar entre la persona y su comportamiento: en efecto, ningún ser humano, sea quien sea, debe ser catalogado como "perjudicial". Dicho esto, una persona puede tener contigo actitudes que te perjudican y de las que sería bueno que te precavieses. O quizá esta persona y tú, cuando estáis juntos, tenéis modos de comportamiento que son destructivos.

Por ejemplo, si soléis discutir, eso no hace de ti o del otro "malas personas". Sencillamente entre vosotros la relación está bloqueada o carece de armonía o de fluidez.

¿Estás listo para superar este obstáculo?

Si es este el caso, realiza el ejercicio siguiente titulado: "Tomo mi vida en mis manos". Te ayudará a asumir la responsabilidad sobre tu vida.

Tomo mi vida en mis manos

Completa la frase de abajo y pronúnciala 7 veces al día durante 21 días con un tono firme y esforzándote en sentirte como te sentirías si ya se hubiera cumplido:

« …
(cita la costumbre, la situación o el comportamiento de la persona)
es malo para mí y me separo (o me protejo, o dejo) ahora de este…
a fin de tender hacia…
(cita explícitamente y en términos positivos aquello a lo que aspiras)
Me comprometo a dar cada día un paso en esta dirección.
Incluso si no sé cómo actuar, confío en que tengo en mí los recursos para lograrlo »

Ejemplo nº 1: « El alcohol es malo para mí y dejo ahora este hábito a fin de tender hacia la salud, la belleza y la libre elección... Me comprometo...

Ejemplo nº 2: « Tener de amiga a gente que quiere enseñarme a robar en grandes almacenes es malo para mí y me separo ahora de este tipo de relaciones a fin de tender hacia la seguridad, el respeto de los bienes de los demás, el orgullo y la autoestima... Me comprometo... »

Ejemplo nº 3: « Dejar que... me pegue es malo para mí y me protejo ahora de este comportamiento, a fin de preservar mi integridad, de hacerme respetar... Me comprometo... »

Sé consciente de que cada persona o cada situación « malas para ti» tienen también enseñanzas, « regalos » que transmitirte, incluso si por el momento no te da esa impresión. Un primer regalo sería por ejemplo enseñarte a saber dónde están tus límites, a ser responsable de tu vida y a afirmar: « ¡No lo haré nunca más en mi vida! »

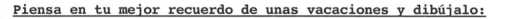

<u>Piensa en tu mejor recuerdo de unas vacaciones y dibújalo:</u>

39

Ejercicio para tomar distancia y/o sobrellevar un comportamiento que te ha perjudicado:

Piensa en una persona cuyas palabras o comportamiento son o han sido una fuente de sufrimiento para ti. Escribe lo que ha dicho o hecho:

- Acepta el sentimiento que anida en ti planteándote dos preguntas:
  ¿Cómo me siento cuando pienso en ello o cuando lo revivo?
  ¿Cuáles son mis necesidades no satisfechas?

- Dibújate en esa situación.

Escribe tus sentimientos junto al corazón y tus necesidades insatisfechas junto al abdomen.

Dibuja alrededor de tu ser herido todo lo que podría
protegerlo y/o ayudarlo en su dolor : personas queridas,
personas en quien confiar, responsables, etc., la
naturaleza, animales... Pon una música tranquila y acepta
tus emociones con bondad.

« *No olvides que tú eres tu mejor amigo*».

A continuación hay un dibujo que representa a estas personas cuyas palabras o comportamiento son o han sido una
fuente de sufrimiento para ti. ¡No olvides que es un ser
humano, al menos potencialmente!

Junto a sus piernas escribe
las palabras o describe el
comportamiento que te han
perjudicado. Junto al corazón, escribe cómo te imagi-
nas que la persona se sen-
tía para llegar a hablar o
a comportarse así. Junto al
abdomen, escribe las necesidades que supones que ella
intentaba colmar.

¿Cómo te sientes?
— Si te sientes más en paz, ¡enhorabuena!
- Si no cambia nada en ti, o si surgen sentimientos
dolorosos, es la muestra de que aún te sientes herido y que necesitas que se te comprenda y se escuche tu sufrimiento, tu miedo, tu tristeza o tu
rabia. Habla, si es posible, con alguien en quien
confíes.

41

Ahora, prométete: « A partir de ahora, cuido de mí mismo y me implico en situaciones que me causen un bien. Si me encuentro todavía con situaciones malas para mí, me alejaré en la medida que pueda y escogeré rodearme o al menos imaginarme rodeado de todo lo que he dibujado para protegerme. »

Pregúntate si es necesario separarte ahora de una persona o de una situación en particular. Si es el caso, haz 7 veces al día durante 21 días el ejercicio « Tomo mi vida en mis manos » (página 38) y pregúntate lo que podrías hacer de más para protegerte si fuera necesario.

Cultivar el diálogo

Abordemos nuestras relaciones siendo fieles a nuestra humanidad. Para ello es básico focalizar nuestra atención sobre los sentimientos y las necesidades que moran en cada persona en vez de pensar en lo que no marcha bien en ti mismo o en los demás

Esto se lleva a cabo gracias a:

- la expresión de ti mismo, honesta y asertiva,

- la escucha del otro, empática y respetuosa,

- la expresión de la gratitud.

La expresión de ti mismo, honesta y asertiva

Se trata de autorizarte a expresar lo que está en tu interior, es decir, tus sentimientos y necesidades, sin agredir, juzgar o criticar a los demás. En efecto, si alguien se siente criticado, esto debilita nuestra capacidad de obtener colaboración o armonía, aun cuando la crítica esté fundada.

¿Cómo hay que hacer? Después de haber clarificado, gracias a la autoempatía, lo que pasa dentro de ti, escogerás, si es necesario, ir a hablar con la persona concernida.

Ejercicio de expresión honesta o asertiva

Piensa en una situación difícil que has vivido con alguien y lleva a cabo las etapas siguientes, imaginando que te diriges a esa persona en concreto:

— Describe la situación de modo tan neutro como si fueses una cámara de televisión. ¡Cuidado! A veces, al relatar hechos, se juzga de antemano, se evalúa, lo que pone al otro a la defensiva. ¡Estate atento para no caer en esta trampa!

43

« La más alta forma de inteligencia humana
es la capacidad de observar sin juzgar ».

Krishnamurti

— Nombra uno o dos sentimientos en relación con esta situación. (¡Evita las palabras de la lista de las « palabras que se han de proscribir », página 61!)

— Nombra una o dos necesidades insatisfechas en la situación..

— Formula una petición que podría satisfacer una de tus necesidades.
Cuando veo, oigo, observo…
Cuando recuerdo haber visto, oído, me siento… porque necesito…
¿y ahora estarías de acuerdo en…?

— Después, pronuncia esta frase delante de un espejo imaginando ser la persona a la que te diriges.

— ¿Qué expresa tu rostro? ¿Cuál es el tono de tu voz? ¿Qué sientes?

— ¿Eres imparcial o estás juzgando, renegando…?

— Si te hablaran como lo haces, ¿lo considerarías una crítica?

Si te sientes imparcial y sin tono de crítica, estás preparado para ir a ver a esa persona.

Si no, es el signo de que primero necesitas que alguien te escuche o te muestre empatía. ¡No te tomes la molestia de ir a hablar con el otro porque harías más mal que bien! Si acusas o criticas al otro, se pondrá a la defensiva y se encerrará en sí mismo y/o te atacará a su vez.

La escucha del otro, empática y respetuosa

Se trata de intentar comprender al otro y que este se sienta comprendido, sea cual sea su manera de expresarse.

La empatía es utilizar el diapasón de las vivencias de los demás. Es una cualidad de escucha y de ser consciente del otro, particularmente de sus sentimientos y necesidades, sin intención de obtener nada que no sea una cualidad de conexión. Sentir empatía hacia alguien es como si leyéramos un libro tan apasionante que nos olvidáramos de un dolor de muelas.

La empatía nada tiene que ver con la complacencia: podemos sentir empatía hacia alguien y no estar de acuerdo con él, ni hacer lo que desee.

Historia:

Érase una vez un granjero que tenía los más hermosos campos de maíz de su región. Cada año, en la fiesta de su pueblo, participaba en el concurso de las mejores cosechas y, cada año, se llevaba los primeros premios.

Cuando regresaba tras la fiesta, iba a casa de sus vecinos para darles simientes de sus cosechas.

Un día, un amigo le dijo: « Pero si les das tus mejores semillas a tus vecinos, te expones a que un día ganen ellos el primer premio en vez de ganarlo tú. ¿No piensas que sería una lástima? »

El granjero respondió: « No creo. ¡Al contrario! En nuestras colinas, hay mucho viento, y a causa de la polinización cruzada corro el riesgo de que se deteriore la calidad de mi maíz debido al de mis vecinos.

Así que todo lo que doy a los otros ¡es a mí mismo a quien me lo doy! »

Ejercicio de empatía

Piensa en una situación difícil que hayas vivido con alguien y lleva a cabo las etapas siguientes, imaginando que te diriges a la persona concernida :

- Describe la situación de manera imparcial.

- *Menciona uno o dos sensaciones que imagines que tu interlocutor experimenta en relación con esta situación (¡Evita las « palabras que se han de proscribir », página 61!)*

46

— Menciona una o dos necesidades que pienses que el otro tiene insatisfechas respecto a la situación.

— Formula una petición que podría satisfacer una de las necesidades de tu interlocutor.
Cuando ves, oyes, observa…
¿Cuándo recuerdas haber visto, oído, te sientes…
porque necesitas…
y ahora, desearías…?
¿Se trata de esto?

La expresión de la gratitud

GRACIAS significa: « La Gratitud en las Relaciones Aparece si en Cada Instante Apreciamos la Sinceridad ».

« La gratitud es el paraíso ».

Rumi

¡Siente tu gratitud!

Piensa en una persona que haya hecho algo bueno por ti en la vida. Escribe lo que ha dicho o hecho, dibújala, anota su nombre y coloréala poniendo atención en que sientes tu aprecio hacia ella.

Siente todas las emociones que te llegan. ¿Se abre tu corazón?

Pon tu dibujo en un lugar a la vista, pues te ayudará a sentirte bien.

Expresa tu gratitud

Piensa en alguien de tu entorno que haya hecho algo bueno por ti y escribe tres elementos:
- lo que hizo (o dijo) que haya sido bueno para ti,
- cómo te sientes ahora al volver a pensar sobre ello,
- qué necesidades se satisficieron gracias a lo que dijo o hizo.

Si esta persona aún vive, ¿podrías acaso enviarle unas breves palabras? Podrían ser algo parecido a esto:

« Querido, querida...

Cuando pienso en

(menciona lo que la persona hizo o dijo: por ejemplo, un profesor exclamando: « ¡Qué gran trabajo! »)

Me siento...

(menciona tus sentimientos: conmovido, emocionado, etc.)

Y ello satisfizo mis...

(nombra tus necesidades satisfechas, por ejemplo, « Ello me ayudó a creer en mí »). »

Si no recuerdas nada positivo que hiciera por ti alguien cercano, busca otra cosa: un animal, la naturaleza tan generosa y acogedora, un desconocido en la calle que te sonrió. La idea es vincularte a lo positivo y a la gratitud a fin de proporcionarte energía y bienestar.

Anota cada día en tu "diario de trabajo" tu gratitud hacia ti mismo, hacia los demás o hacia la vida. ¡Siéntela y verás cómo se multiplica tu energía!

Crear tu vida de acuerdo con quien eres en lo más hondo de ti

Escucharte para conocerte
Ver el ejercicio de autoempatía, página 24.

Intentar realizar tus sueños
Preguntarte por lo que quieres llevar a cabo durante el día y en tu vida, y darte los medios para conseguirlo.

« Lo que lamentamos no es lo inalcanzable,

sino lo alcanzable no alcanzado ».

¡Copia y colorea este aforismo!

Ejercicio inspirado en el libro *El poder de crear* de Abraham:

Escribe cada mañana durante:
- — 1 minuto, cómo te quieres sentir hoy,
- - 5 minutos, lo que quieres tener,
- - 5 minutos, lo que quieres realizar.

Después siente durante 3 minutos los sentimientos que experimentarías si hubieses obtenido y/o realizado lo que deseas.

Y cada noche, relee las notas de la mañana, sin sacar ninguna conclusión; ¡sencillamente, léelas!

Después de un mes de esta práctica verás que tus sentimientos/sensaciones entran de forma natural en correlación armoniosa con tus acciones y logras cada vez más cosas que querías.

Reflexión:
- ¿Cuáles son los momentos en que eres feliz? ¿Cuáles son sus características? Describe tus sensaciones.

- ¿Cuáles son tus necesidades satisfechas en esos momentos?

- ¿Cómo podrías lograr más?

- ¿Cuáles son los momentos en los que no eres feliz? ¿Cuáles son sus características? Describe tus sensaciones.

- ¿Cuáles son tus necesidades insatisfechas?

- ¿Puedes cambiar algo respecto a ellas?

- Si es que sí, ¿qué vas a cambiar?

A veces, no se puede cambiar una situación, pero se puede cambiar nuestro modo de reaccionar ante ella..

« Lo que ves en los otros, lo llevas en ti;
Basta con despertar ».

Piensa en alguien a quien quieras y escribe las cualidades que valoras en esta persona. Después, durante 5 minutos, mientras oyes una música que te guste, muévete y habla como si poseyeses esas cualidades y, sobre todo, siéntete como te sentirías si las hubieses integrado ya en ti!

-
-
-
-

¡Allí donde se dirige la atención, se dirige la energía!

Dibuja durante los próximos días, en una o más cuartillas, lo que te gustaría lograr en tu vida. Escoge los ámbitos que te apetezca (afectivo, creativo, recreativo, profesional, etc.).

Pon con amor y respeto ese dibujo en un lugar a la vista. Míralo a menudo sintiéndote como te sentirías si hubieras conseguido lo que está dibujado.

Si te invaden la amargura o la desesperación, date un tiempo para aceptar con bondad estas emociones y, en cuanto te sea posible, vincúlate de nuevo a aquello a lo que aspiras, habida cuenta de la realidad de tu vida.

Disciplinar tu espíritu

Abandonar los juicios y transformarlos en sentimientos/necesidades

Si pensamos en términos de juicios, creamos una energía negativa que atrae energías similares a las que llevamos en nosotros.

¡Los juicios sobre nosotros mismos son tóxicos para nuestro humor y nuestra energía, y molestos o desalentadores para nuestro entorno!

Di varias veces: "¡No valgo para nada, todo lo estropeo!" y observa a continuación cómo te sientes. ¿Tenso, contrariado? ¿Es desagradable? Transforma entonces LO MÁS rápido posible esta frase en sentimientos y necesidades.

Podría dar algo así como: "Me siento desalentado porque me gustaría sentirme orgulloso de mí mismo". Y aquí se abre un espacio: puedo servirme de mi creatividad para saber cómo poder estar orgulloso de mí mismo.

Esta gimnasia nos vincula a lo que queremos (más que a lo que no funciona) y nos saca de nuestra impotencia: cuando conocemos nuestras necesidades, podemos buscar con qué acciones intentar satisfacerlas.

Piensa en un juicio de valor que tengas sobre ti mismo y transfórmalo en sentimientos/necesidades:

–

⟶

Los juicios sobre los demás:

« *Como la tierra es redonda, todo lo que les hacemos a los demás nos llega a nosotros tarde o temprano* ».

Dibuja y colorea este aforismo.

A veces nos da la impresión de que juzgar a los demás nos desahoga, cuando en verdad origina efectos negativos en nosotros y en nuestras relaciones, al crear un ambiente enrarecido (en nosotros y/o con los demás) y reducir nuestras posibilidades de obtener lo que esperamos del otro. Por ejemplo, si le dices a alguien: « Nunca me escuchas », lo que vas a conseguir es que le entren más ganas de taparse las orejas que de escucharte.

Una de las resoluciones más poderosas y sanadoras que puedes adoptar es sustituir las palabras « Lo que te reprocho es que... » por « Lo que deseo es... »

Si nos concentramos en lo que queremos (en nuestras necesidades), aumentamos las posibilidades de obtenerlo.

Piensa en un juicio de valor que tengas sobre alguien y transfórmalo en sentimientos/necesidades.

—

→

Por ejemplo, « Nunca me escuchas » se convertiría en « Cuando miras tu ordenador mientras te hablo, me siento mal y necesito comprensión. ¿No te interesa lo que te estoy contando? ¿No es el momento adecuado para hablar? »

55

Lo esencial, y es algo difícil de hacer, es vincularse a lo que aspiramos y expresarnos con una energía de abundancia y no de carencia o de queja.

El tono de nuestra voz y nuestra mirada son más importantes que las mismas palabras, pues a nuestro interlocutor le impacta más, incluso aunque no se dé cuenta, lo que percibe de nuestro lenguaje corporal que las palabras pronunciadas.

Escribe la frase que consideres más importante de este capítulo y cántala de diferentes modos.

Localizar y saborear tanto como sea posible la belleza de cada instante

« Cuando se contempla lo hermoso, se tiene más valor
y fuerza para atravesar las dificultades».

« Esta mañana he dado un paseo en bici por el canal de la estación, disfrutando de la extensión del cielo y respirando el aire fresco no racionado. Por todos los sitios hay señales que prohíben a los judíos los caminos y el campo abierto. **Pero por encima de la estrecha vía que se nos ha dejado, todavía se extiende el cielo intacto.** No pueden hacernos nada. Pueden acosarnos, robarnos nuestras posesiones, nuestra libertad, pero es por nuestra sumisión que perdemos nuestros valores más preciosos. Por nuestra elección de ver la situación como si estuviésemos humillados y oprimidos. Por nuestro odio. Por supuesto, podemos sentirnos tristes por lo que se nos ha hecho. Pero nuestra herida más profunda es la que nos infligimos nosotros mismos... **Creo que la vida es hermosa y me siento libre. El cielo que albergo en mi interior es tan vasto como el que se extiende por encima de mi cabeza.** »

Etty Hillesum, *Una vida conmocionada*

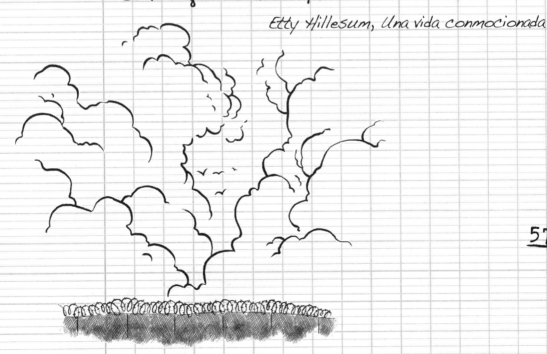

Historia de una casita :

En clase, un profesor les pide a sus alumnos que dibujen una casita. Una niña dibuja una casa verde con postigos rojos y chimenea naranja. El profesor, burlándose, le dice: « ¿Pero a ti qué te pasa? ¿Dónde has visto una casa verde? ». La niña palidece y deja de dibujar.

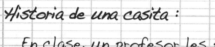

Un año después. Nueva clase de dibujo, otro profesor. Les pide a sus alumnos que dibujen una casa. Al acabar la clase, la niña le da una hoja en blanco.

El profesor la coge y exclama: « ¡Pero qué casa más bonita debajo de la nieve! ».

Escribe algo valioso referente a ti, y siente lo que te sucede cuando lo lees en voz alta.

—

¿Te gusta hacerlo?

Si es que sí, hazlo a menudo, ¡será bueno para ti!

Si es que no, se trata de un signo evidente de que todavía no

tienes la suficiente autoestima. ¡Haz este ejercicio tantas

veces como puedas!

Si reconoces la belleza que hay en tu existencia,

en tu humanidad, la harás crecer y desarrollarás tu

autoestima.

Hemos llegado al fin de este cuaderno de ejercicios. Espero

que las señales que indican que te ocupas bien de ti se

encuentren ahora más presentes en tu vida.

Da cada día un pasito en el camino de la tolerancia contigo

mismo y recuerda que:

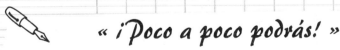

« ¡Poco a poco podrás! »

Copia este adagio y medita sobre él!

Anexos

Sentimientos experimentados cuando nuestras necesidades están satisfechas

cómodo, admirativo, aligerado, cariñoso, divertido, animado, apaciguado, enternecido, aventurado, bien dispuesto, emocionado, calmado, cautivado, centrado, caluroso, embelesado, colmado, compasivo, concentrado, afectado, confiado, contento, curioso, relajado, descansado, liberado, distendido, determinado, dinámico, estupefacto, electrizado, entusiasmado, maravillado, estimulado, emocionado, efervescente, expansivo, encantado, alentado, enérgico, apasionado, comprometido, esperanzado, sorprendido, despierto, exaltado, excitado, exuberante, fascinado, orgulloso, fuerte, alegre, enardecido, pletórico, embriagado, feliz, implicado, despreocupado, inspirado, interesado, indagador, jubiloso, ligero, libre, motivado, enriquecido, optimista, abierto, apacible, partícipe, apasionado, burbujeante, cercano, radiante, suave, fresco, saciado, sosegado, plácido, encantado, deslumbrante, receptivo, reconfortado, agradecido, regenerado, alegre, relajado, tonificado, satisfecho, seguro, sensibilizado, sensible, sereno, alucinado, desahogado, estimulado, seguro, sorprendido, impactado, tranquilo, vivo, vivificado.

Sentimientos experimentados cuando nuestras necesidades no están satisfechas

impotente, abatido, agobiado, hambriento, turbado, exasperado, agitado, alarmado, amargado, angustiado, ansioso, atemorizado, sediento, herido, bloqueado, conmocionado, apenado, impactado, encolerizado, responsable, confuso, consternado, contrariado, crispado, desbordado, atormentado, desconcertado, derrotado, decepcionado, desengañado,

60

desamparado, desesperado, desolado, desorientado, desestabilizado, indiferente, distante, boquiabierto, estremecido, hundido, asustado, incómodo, liado, conmovido, dormido, nervioso, aburrido, rabioso, afectado, agotado, jadeante, sorprendido, exasperado, excedido, extenuado, enfadado, fatigado, frágil, frustrado, furioso, molesto, helado, gruñón, indeciso, avergonzado, horrorizado, fuera de sí, impaciente, impotente, inseguro, incómodo, incrédulo, indeciso, indiferente, inquieto, insatisfecho, insensible, intrigado, irritado, cansado, pesado, mal, a disgusto, desgraciado, descontento, desconfiado, melancólico, sombrío, nervioso, dividido, apenado, perdido, perplejo, desequilibrado, pesimista, preocupado, reservado, resignado, reticente, sin ímpetu, saturado, escéptico, trastornado, solo, gris, cariacontecido, estresado, estupefacto, desbordado, exhausto, sorprendido, tenso, aterrado, aterrorizado, abatido, atormentado, triste, perturbado, vejado, vacío, vulnerable.

Palabras que han de ser proscritas

Son la suma de un sentimiento y de un juicio sobre ti mismo o sobre los demás:

abandonado, preso, acorralado, acusado, agredido, acosado, atacado, escarnecido, tonto, sancionado, apremiado, calumniado, obligado, criticado, desconsiderado, denigrado, detestado, despreciado, disminuido, dominado, embaucado, marginado, abrumado, acallado, explotado, equivocado, timado, forzado, hostigado, humillado, ignorado, importunado, incapaz, incompetente, incomprendido, indeseable, indigno, insultado, aislado, tirado, juzgado, lamentable, plantado, maltratado, manipulado, mediocre, amenazado, despreciado, miserable, minorizado, enjaulado, sometido a presión, desatendido, nulo, ofendido, inaceptado, no amado, no creído, no oído, no importante, invisible, perseguido, pillado, cogido en falta, provocado, rebajado, rehecho, rechazado, repudiado, ridiculizado, burlado, sucio, sin valor, estúpido, traicionado, engañado, utilizado, vencido, violado.

Algunas necesidades fundamentales

Subsistencia: respirar, beber, comer...

Seguridad: seguridad afectiva y material, consuelo, apoyo, cuidados...

Libertad: autonomía, indcpendencia, espontaneidad, libre elección de tus sueños, valores, objetivos...

Identidad: actuación de acuerdo con tus valores, autoafirmación, pertenencia, autenticidad, confianza en ti mismo, autoestima, respeto de ti mismo y de los demás, evolución, integridad.

Participación: cooperación, concertación, cocreación, conexión, expresión, interdependencia, contribución al bienestar, a la plenitud de tu persona y de los demás, a la vida...

Relacionales: aceptación, pertenencia, atención, comunión, compañía, contacto, intimidad, compartir, proximidad, amor, afecto, calor humano, honestidad, sinceridad, respeto, ternura, confianza, comunicación, armonía, consuelo...

Autorrealización: autoexpresión, evolución, aprendizaje, realización de tu potencial, creatividad...

Sentido: claridad, comprensión, discernimiento, orientación, significación, transcendencia, unidad, sentido...

Celebración: aprecio, compartir alegrías y tristeza, ritualización, gratitud...

Espiritualidad: belleza, inspiración, paz, transcendencia...

Nota de la autora:
Los ejercicios de autoempatía, expresión honesta, empatía y gratitud fueron creados por Marshall Rosenberg, fundador de la Communication NonViolente©.

Doctora en medicina, **Anne van Stappen** se interesó muy pronto por las relaciones humanas y adquirió formación en diversas disciplinas terapéuticas.

Su aspiración a cuidar los males del cuerpo mediante las palabras del corazón se convirtió en realidad después de su encuentro con la Comunicación No Violenta. Formadora en CNV desde 1995, organiza conferencias y talleres sobre comunicación y gestión de conflictos.

CUADERNOS DE EJERCICIOS
ÚLTIMOS TÍTULOS PUBLICADOS

28. DE GRATITUD YVES-ALEXANDRE THALMANN

29. PARA APRENDER A AMARSE, A AMAR Y POR QUÉ NO A SER AMADO(A) JACQUES SALOMÉ

30. DE PLENA CONCIENCIA ILIOS KOTSOU

31. DE AMOR POR LA TIERRA Y LO HUMANO PIERRE RABHI Y ANNE VAN STAPPEN

32. PARA PRACTICAR HO'OPONOPONO MARÍA-ELISA HURTADO-GRACIET

33. DE LOS FABULOSOS PODERES DE LA GENEROSIDAD YVES-ALEXANDRE THALMANN

34. PARA IDENTIFICAR LAS HERIDAS DEL CORAZÓN COLETTE PORTELANCE

35. PARA SANAR UN CORAZÓN HERIDO COLETTE PORTELANCE

36. PARA PRACTICAR LA LEY DE LA ATRACCIÓN SLAVICA BOGDANOV

37. DE PSICOLOGÍA POSITIVA YVES-ALEXANDRE THALMANN

38. PARA PERDONAR SEGÚN HO'OPONOPONO JEAN GRACIET

39. PARA EVOLUCIONAR GRACIAS A LAS PERSONAS DIFÍCILES ANNE VAN STAPPEN

40. DE EFICACIA PERSONAL YVES-ALEXANDRE THALMANN

41. PARA SER SEXY, ZEN Y HAPPY CHRISTINE MICHAUD

42. DE GESTIÓN DE LOS CONFLICTOS PATRICE RAS

43. DE ACEPTACIÓN DE TU CUERPO ANNE MARREZ Y MAGGIE ODA

44. PARA PRACTICAR LA TÉCNICA DE LIBERACIÓN EMOCIONAL (EFT) MARÍA-ELISA HURTADO-GRACIET

Ver todos los títulos en

www.terapiasverdes.com